AF234530

Impressum
Verlag: BABADADA GmbH, Nedderfeld 112 , 22529 Hamburg
Geschäftsführer / Verlagsleitung: Harald Hof
Druck: Books on Demand GmbH, In de Tarpen 42, 22848 Norderstedt

Imprint
Publisher: BABADADA GmbH, Nedderfeld 112 , 22529 Hamburg, Germany
Managing Director / Publishing direction: Harald Hof
Print: Books on Demand GmbH, In de Tarpen 42, 22848 Norderstedt

School

okul

Klassenstuuv
sınıf

delen
böl

186/2

Tafel
tahta

Schoolhoff
okul bahçesi

Schoolmeester
öğretmen

Papeer
kağıt

schrieven
yazmak

Sticken
kalem

Schrievdisch
masa

Lienholt
cetvel

Book
kitap

Schöler
öğrenci

Ranzel

okul çantası

Feddermapp

kalemlik

Bleesticken

kurşun kalem

Scharpmaker

kalem açacağı

Radeergummi

silgi

Tekenblock

çizim defteri

Teken

çizim

Pinsel

resim fırçası

Malkassen

boya kutusu

Scheer

makas

Klever

tutkal

Heft to'n Öven

alıştırma kitabı

Huusopgaav

ödev

Tall

sayı

tohooptellen

ekle

aftrecken

çıkar

malnehmen

çarp

reken

hesapla

Bookstaav

harf

ABC

alfabe

Woort

kelime

		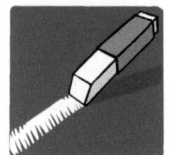
Text	lesen	Kried
metin	okumak	tebeşir
	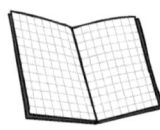	
Stunn	Klassenbook	Pröven
ders	kayıt	sınav

Tüügnis	Schooluniform	Utbillen
sertifika	okul forması	eğitim

Nakieksel	Universität	Mikroskop
ansiklopedi	üniversite	mikroskop
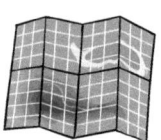		
Koort	Papeerkorf	
harita	kağıt çöp kutusu	

Törn
seyahat

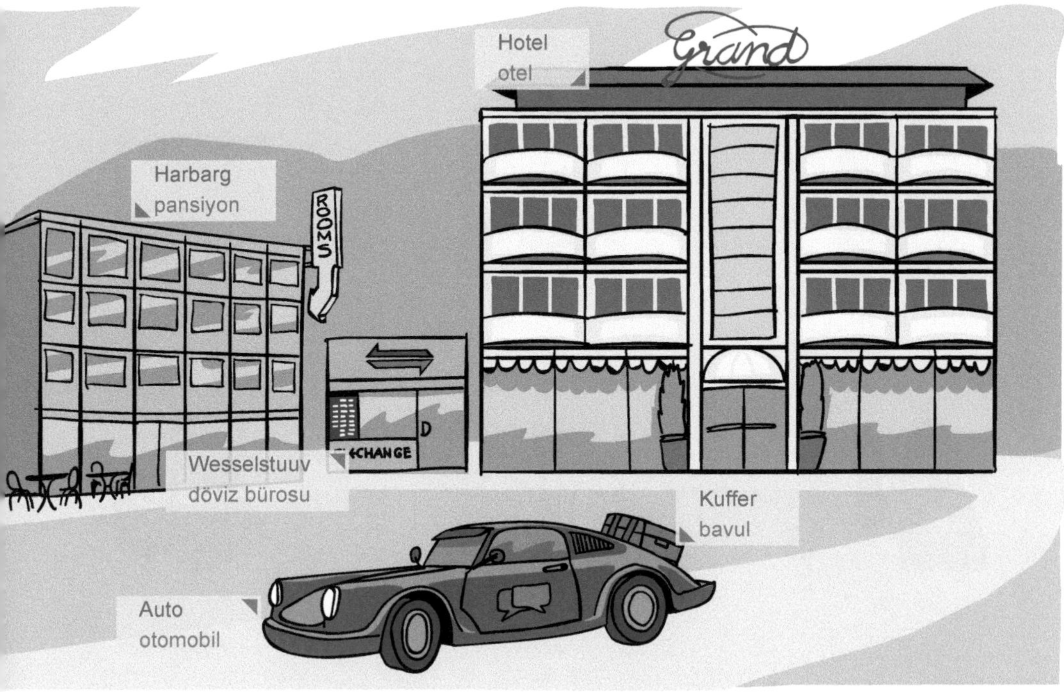
Hotel
otel
Grand
Harbarg
pansiyon
ROOMS
Wesselstuuv
döviz bürosu
EXCHANGE
Kuffer
bavul
Auto
otomobil

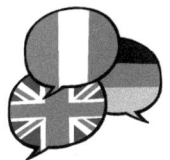

Spraak

dil

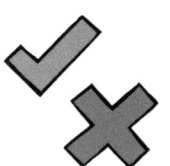

jo / ne

evet / hayır

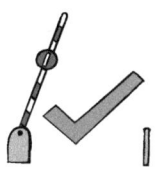

Jo

Tamam

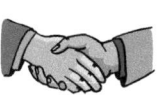

Moin

merhaba

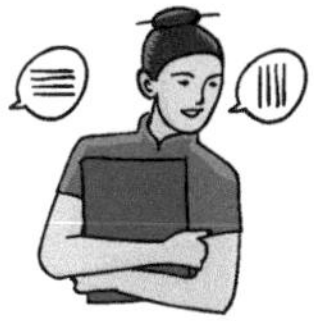

Översetter

çevirmen

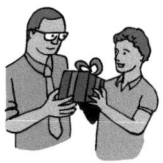

Dank ok

Teşekkür ederim

Wat kost...?

bu ... ne kadar?

Ik verstah nich

anlamadım

Problem

problem

Goden Avend

İyi akşamlar!

Moin!

Günaydın!

Gode Nacht!

İyi geceler!

Tschüüs

güle güle

Richt

yön

Bagaasch

bagaj

Tasch

çanta

Rüchsack

sırt çantası

Gast

misafir

Stuuv

oda

Slaapsack

uyku tulumu

Telt

çadır

Touristeninformatschoon

turist danışma

Strand

sahil

Kreditkoort

kredi kartı

Fröhstück

kahvaltı

Meddageten

öğle yemeği

Avendeten

akşam yemeği

Fohrkort

Bilet

Fohrstohl

asansör

Breefmark

pul

Grenz

sınır

Toll

gümrük

Bottschop

elçilik

Visum

vize

Pass

pasaport

Transport
ulaşım

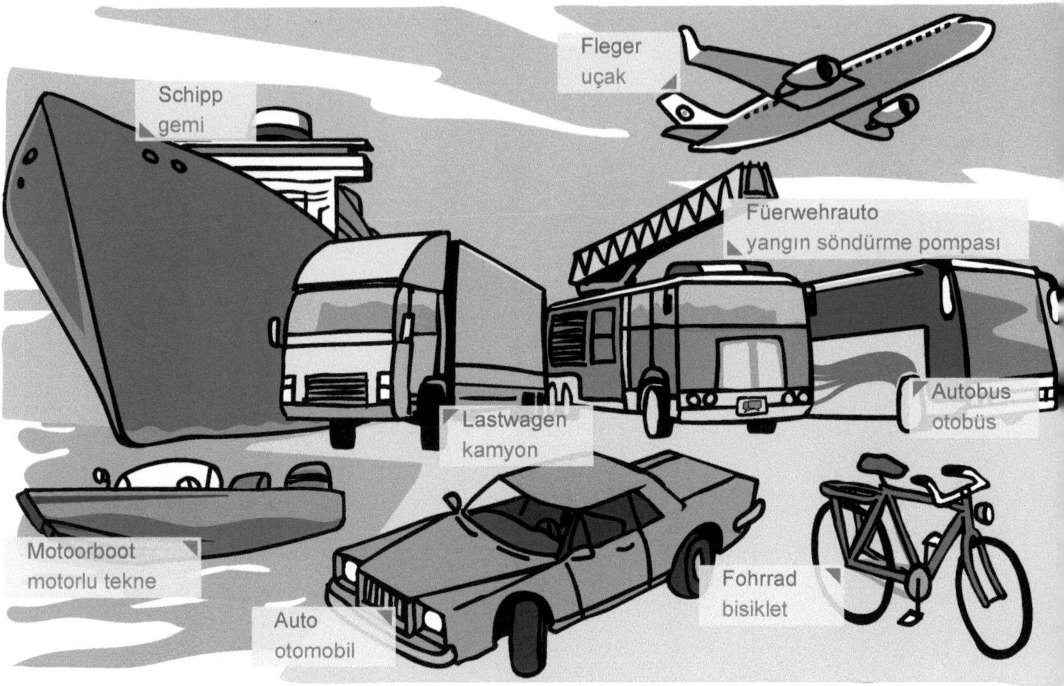

Fleger
uçak
Schipp
gemi
Füerwehrauto
yangın söndürme pompası
Autobus
otobüs
Lastwagen
kamyon
Motoorboot
motorlu tekne
Fohrrad
bisiklet
Auto
otomobil

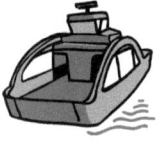

Fähr

feribot

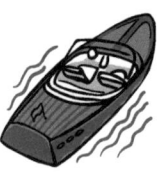

Boot

bot

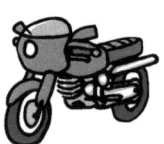

Motoorrad

motosiklet

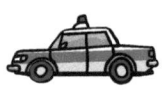

Polizeiauto

polis arabası

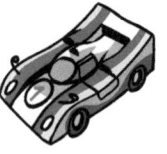

Rönnauto

yarış arabası

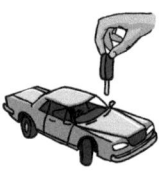

Lehnwagen

kiralık araba

Carsharing

ortak araba

Afsleepwagen

çekici

Müllauto

çöp kamyonu

Motoor

motor

Kraftstoff

yakıt

Tanksteed

benzinlik

Verkehrsschild

trafik işareti

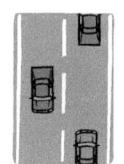

Verkehr

trafik

Stau

trafik sıkışıklığı

Afstellplatz

otopark

Bahnhoff

tren istasyonu

Sporen

ray

Tog

tren

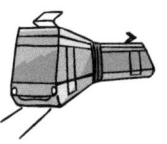

Stratenbahn

tramvay

Wagon

vagon

Dwarsmöhl

helikopter

Flooghaven

havaalanı

Tower

kule

Fohrgast

yolcu

Grootkist

konteyner

Karton

koli

Koor

yük arabası

Korf

sepet

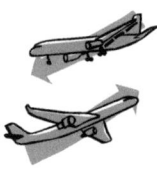

starten / lannen

kalkış / iniş

Stadt
şehir

Dörp

köy

Binnenstadt

şehir merkezi

Huus

ev

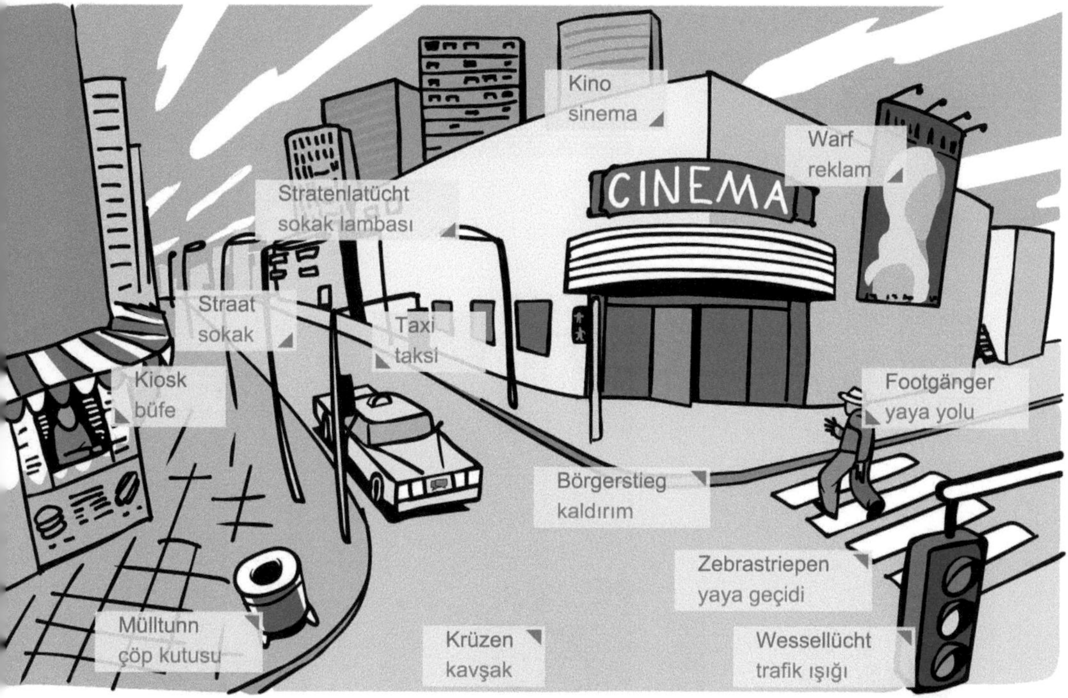

Kino
sinema

Warf
reklam

Stratenlatücht
sokak lambası

CINEMA

Straat
sokak

Taxi
taksi

Footgänger
yaya yolu

Kiosk
büfe

Börgerstieg
kaldırım

Zebrastriepen
yaya geçidi

Mülltunn
çöp kutusu

Krüzen
kavşak

Wessellücht
trafik ışığı

Hütt

kulübe

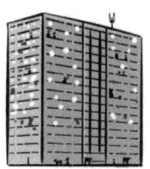

Wahnung

apartman dairesi

Bahnhoff

tren istasyonu

Raathuus

belediye binası

Museum

müze

School

okul

Stadt - şehir

11

Universität

üniversite

Bank

banka

Krankenhuus

hastane

Hotel

otel

Afteek

eczane

Büro

ofis

Bookhökerie

kitapçı

Hökerie

mağaza

Blomenhökerie

çiçekçi

Supermarkt

süpermarket

Markt

market

Koophuus

büyük mağaza

Fischhökerie

balık satıcısı

Inkoopszentrum

alışveriş merkezi

Haven

liman

Parkanlaag

park

Bank

bank

Brüch

köprü

Trepp

merdiven

Ünnergrundbahn

metro

Tunnel

tünel

Busstoppsteed

otobüs durağı

Bar

bar

Spieslokal

restoran

Breefkassen

posta kutusu

Stratenschild

sokak tabelası

Parkklock

otopark sayacı

Deertenpark

hayvanat bahçesi

Baadanstalt

yüzme havuzu

Moschee

cami

Buernhoff

çiftlik

Ümweltversmudden

kirlilik

Karkhoff

mezarlık

Kark

kilise

Speelplatz

oyun alanı

Tempel

tapınak

Landschop
arazi

Blatt
yaprak

Wiespahl
yön tabelası

Weg
yol

Wisch
çayır

Steen
taş

Boom
ağaç

Wannerer
yürüyüşçü

Fluss
ırmak

Gras
çimen

Bloom
çiçek

Daal

vadi

Barg

tepe

See

göl

Holt

orman

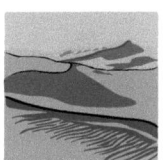

Wööst

çöl

Füerspien Barg

volkan

Slott

kale

Regenbagen

gökkuşağı

Poggenstohl

mantar

Palm

palmiye

Steekmück

sivrisinek

Fleeg

sinek

Miegeemk

karınca

Imm

arı

Spinn

örümcek

Landschop - arazi

Sebber

böcek

Pogg

kurbağa

Katteker

sincap

Swienegel

kirpi

Haas

yabani tavşan

Uul

baykuş

Vagel

kuş

Swaan

kuğu

Wildswien

yaban domuzu

Hirsch

geyik

Elk

geyik

Staudamm

baraj

Windrad

rüzgar türbini

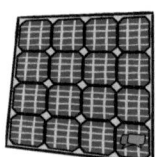

Solarmodul

güneş paneli

Klima

iklim

Kellner
garson

Spieskoort
menü

Stohl
sandalye

Supp
çorba

Pizza
pizza

Bestick
çatal - bıçak

Dischdeek
masa örtüsü

Vörspies

başlangıç

Haupteten

ana yemek

Nadisch

tatlı

Drünk

içecekler

Eten

yemek

Buddel

şişe

Fastfood

fastfood

Strateneten

sokak yemeği

Teekann

çaydanlık

Zuckerdoos

şekerlik

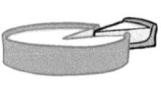

Portschoon

porsiyon

Espressomaschien

espresso makinesi

Hoochstohl

mama sandalyesi

Reken

fatura

Tablett

tepsi

Mess

bıçak

Gavel

çatal

Lepel

kaşık

Teelepel

çay kaşığı

Munddook

servis peçetesi

Glas

bardak

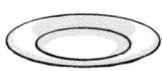

Töller

tabak

Suppentöller

çorba kasesi

Ünnertass

fincan altlığı

Sooß

sos

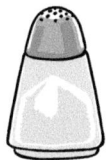

Soltstreuer

tuzluk

Pepermöhl

karabiber değirmeni

Etig

sirke

Ööl

yağ

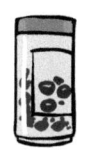

Krüder

baharat

Ketchup

ketçap

Mostrich

hardal

Mayonnaise

mayonez

Supermarkt
süpermarket

Anbott
özel teklif
FOR
Kunn
müşteri
Melkprodukten
süt ürünleri
Aaft
meyve
Inkoopswagen
alışveriş arabası

BUTCHERS

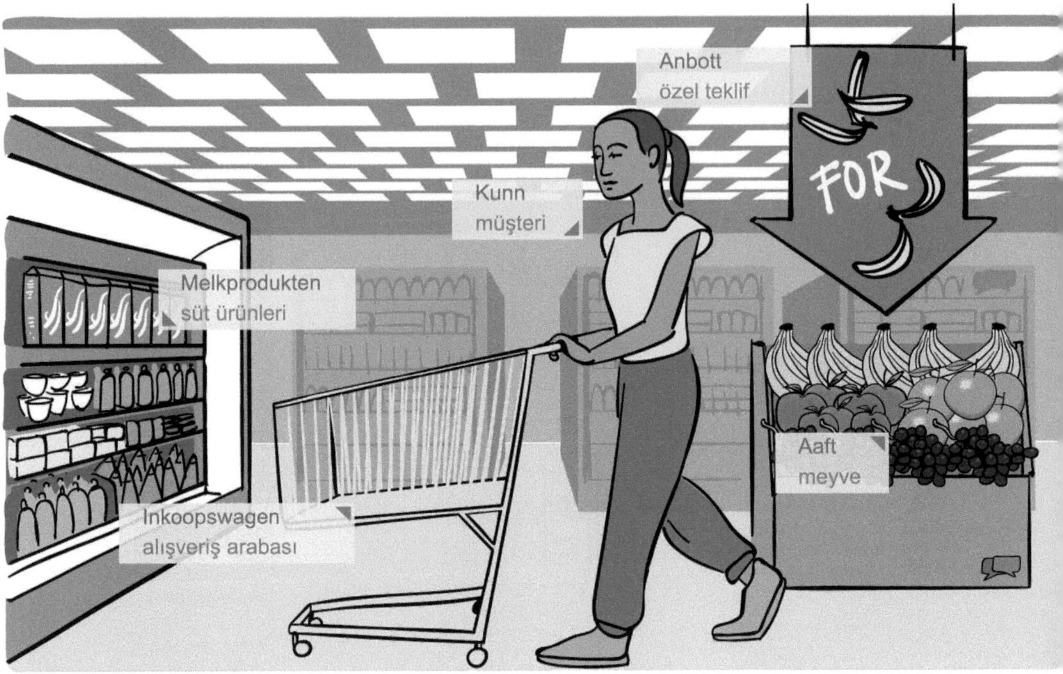

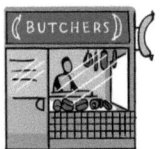

Slachterie

kasap

BAKERY

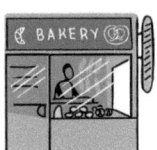

Bäckerie

fırın

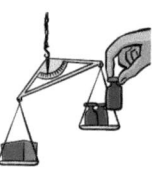

wegen

tartmak

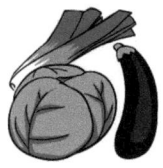

Gröönsaken

sebze

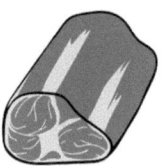

Fleesch

et

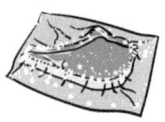

Deepköhlkost

donmuş gıda

Opsnitt

söğüş et

Konserven

konserve yiyecek

Waschmiddel

toz deterjan

Snoopkraam

şekerlemeler

Huushooltssaken

ev temizlik ürünleri

Reinmaaktüüch

temizlik ürünleri

Verköpersche

satış görevlisi

Kass

yazar kasa

Kasserer

kasiyer

Inkoopslist

alışveriş listesi

Opsparrtieden

açılış saatleri

Breeftasch

cüzdan

Kreditkoort

kredi kartı

Tasch

çanta

Plastiktüüt

plastik poşet

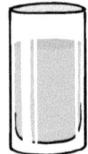

Water
....
su

Saft
....
meyve suyu

Melk
....
süt

Cola
....
kola

Wien
....
şarap

Beer
....
bira

Spriet
....
alkol

Kakao
....
kakao

Tee
....
çay

Koffie
....
kahve

Espresso
....
espresso

Cappucino
....
kapuçino

Banaan

muz

Appel

elma

Appelsien

portakal

Meloon

kavun

Zitroon

limon

Wöttel

havuç

Knuuvlook

sarımsak

Bambus

bambu

Zibbel

soğan

Poggenstohl

mantar

Nööt

çerez

Nudeln

makarna

Spaghetti

spagetti

Ries

pirinç

Salat

salata

Pommes frites

cips

Braadkantüffeln

patates kızartması

Pizza

pizza

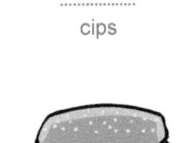

Hamborger

hamburger

Sandwich

sandviç

Snitzel

şinitzel

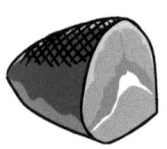

Schinken

pastırma

Salami

salam

Wust

sosis

Hohn

tavuk

Braden

rosto

Fisch

balık

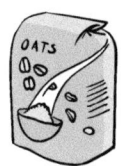

Haverflocken

yulaf ezmesi

Müsli

müsli

Cornflakes

mısır gevreği

Mehl

un

Croissant

kruvasan

Rundstück

küçük ekmek

Broot

ekmek

Toast

tost

Keksen

bisküvi

Botter

tereyağı

Quark

kaymak

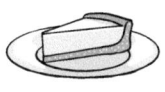

Koken

kek

Ei

yumurta

Spegelei

sahanda yumurta

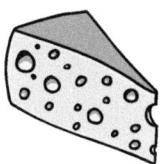

Kees

peynir

les
dondurma

Zucker
şeker

Honnig
bal

Marmelaad
reçel

Nougat-Creme
fındık ezmesi

Curry
köri

Buernhoff
çiftlik

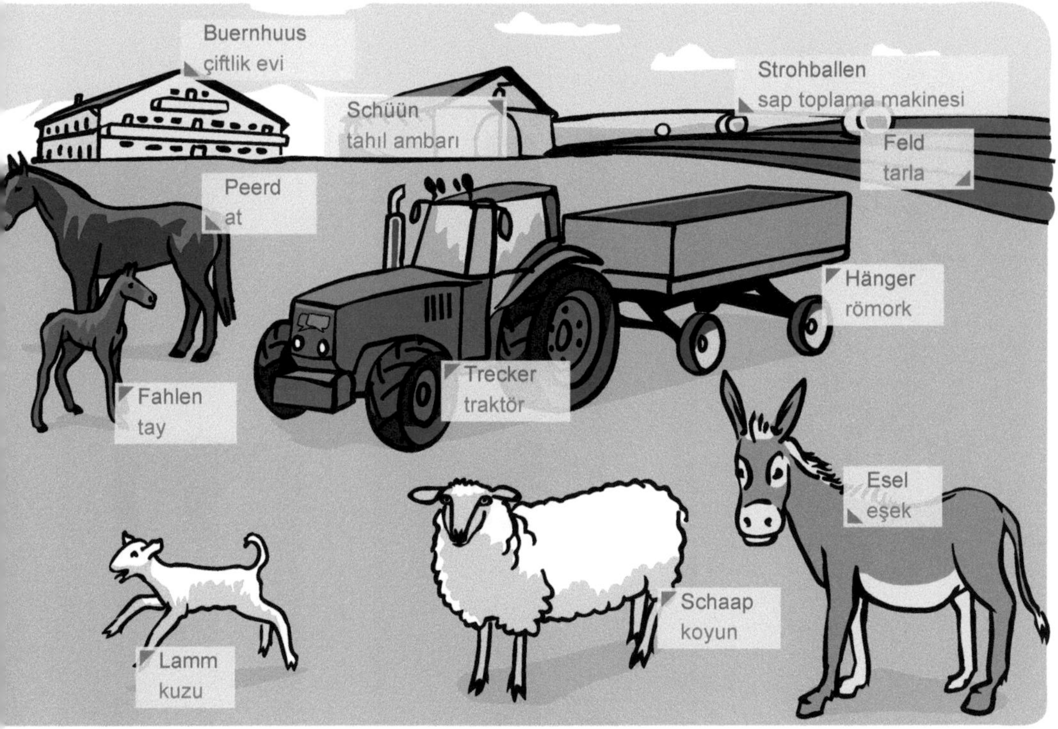

Buernhuus
çiftlik evi
Schüün
tahıl ambarı
Strohballen
sap toplama makinesi
Feld
tarla
Peerd
at
Hänger
römork
Trecker
traktör
Fahlen
tay
Esel
eşek
Schaap
koyun
Lamm
kuzu

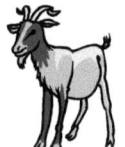

Zeeg
keçi

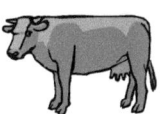

Koh
inek

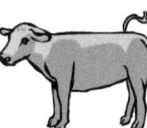

Kalf
buzağı

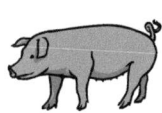

Swien
domuz

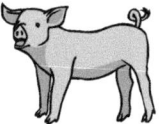

Farken
domuz yavrusu

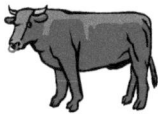

Bull
boğa

Goos

kaz

Aant

ördek

Küken

civciv

Hohn

tavuk

Hahn

horoz

Rott

sıçan

Katt

kedi

Muus

fare

Oss

öküz

Hund

köpek

Hunnenhütt

köpek kulübesi

Goornslauch

bahçe hortumu

Geetkann

sulama kabı

Lee

tırpan

Ploog

pulluk

Sich

orak

Hack

çapa

Mestfork

dirgen

Ext

balta

Schuufkoor

el arabası

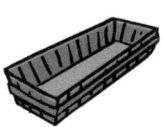

Trog

yemlik

Melkkann

süt kovası

Sack

çuval

Tuun

çit

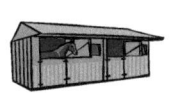

Stall

ahır

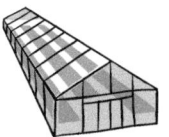

Drievhuus

sera

Bodden

toprak

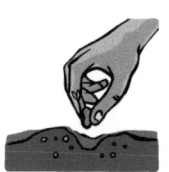

Saat

tohum

Dünger

gübre

Meihdöscher

biçerdöver

oornen

hasat etmek

Oorn

harman

Yamswöttel

tatlı patates

Weten

buğday

Soja

soya

Kantüffel

patates

Törksche Weten

mısır

Rapp

kolza

Aaftboom

meyve ağacı

Troopsch Kantüffel

manyok

Koorn

hububat

Schosteen
baca

Dack
çatı

Regenrönn
yağmur oluğu

Finster
pencere

Garaasch
garaj

Döörklock
kapı zili

Döör
kapı

Müllemmer
çöp kutusu

Breefkassen
posta kutusu

Goorn
bahçe

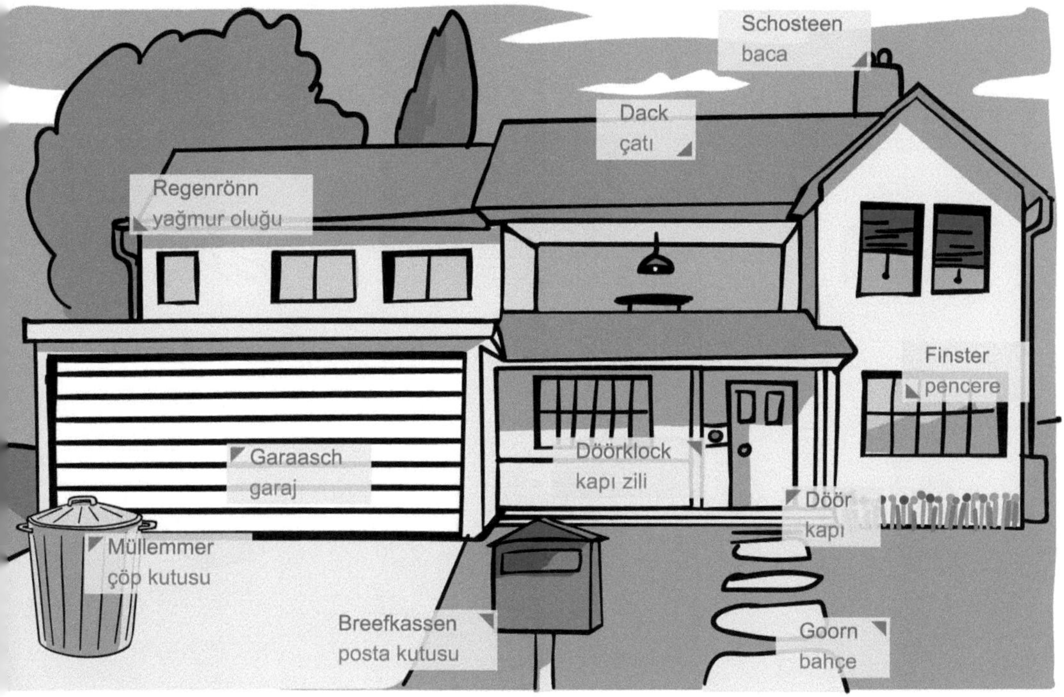

Wahnstuuv

oturma odası

Baadstuuv

banyo

Köök

mutfak

Slaapstuuv

yatak odası

Kinnerstuuv

çocuk odası

Eetstuuv

yemek odası

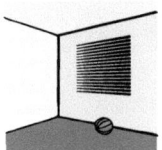

Footbodden
zemin

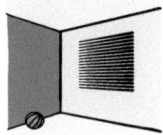

Wand
duvar

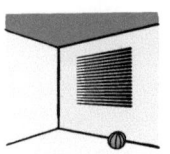

Deek
tavan

Keller
kiler

Hittluftbad
sauna

Balkon
balkon

Terrass
teras

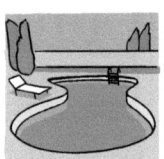

Swümmbad
havuz

Rasenmeiher
çim biçme makinesi

Bettbetog
çarşaf

Bettdeek
yatak örtüsü

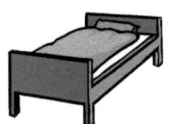

Puuch
yatak

Bessen
süpürge

Emmer
kova

Schalter
anahtar

Wahnstuuv

oturma odası

Tapeet
duvar kağıdı
Bild
resim
Lamp
lamba
Regal
raf
Schapp
dolap
Kiekkassen
televizyon
Kamin
şömine
Bloom
çiçek
Küssen
minder
Sofa
kanepe
Vaas
vazo
Feernbedenen
uzaktan kumanda

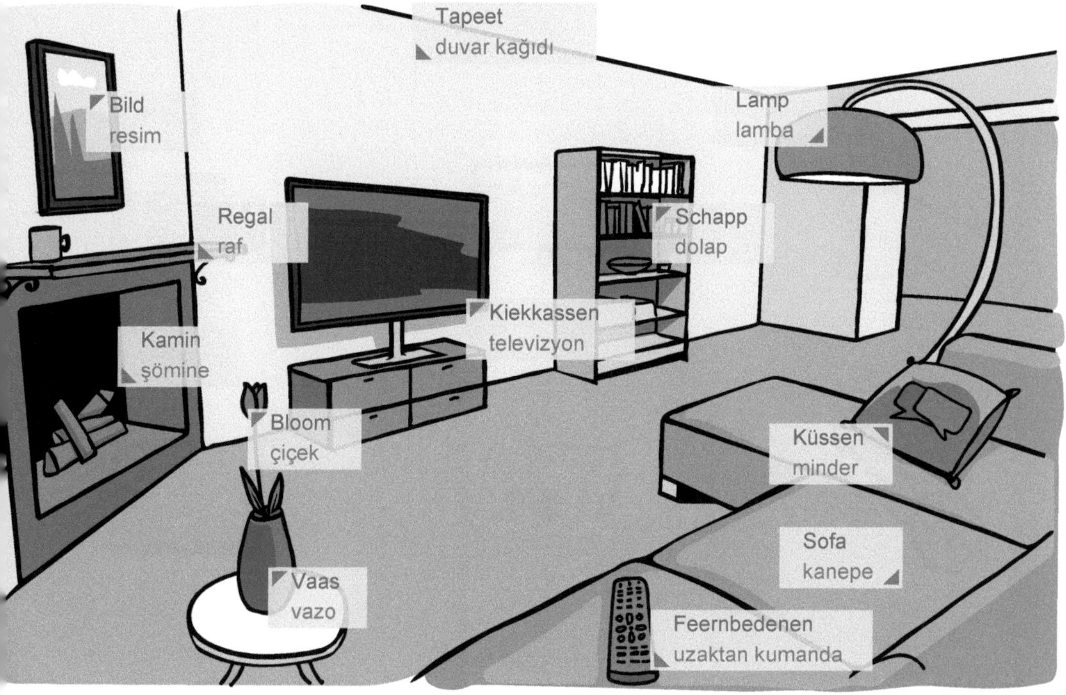

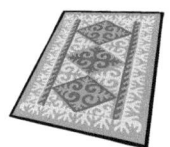

Teppich

halı

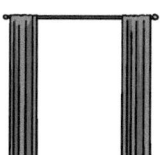

Vörhang

perde

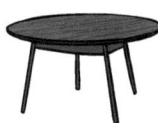

Disch

masa

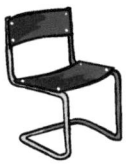

Stohl

sandalye

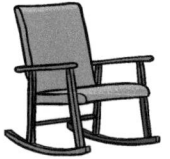

Schuckelstohl

salıncaklı koltuk

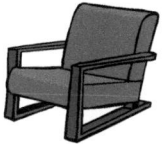

Sessel

koltuk

Book

kitap

Deek

battaniye

Dekoratschoon

dekor

Füerholt

odun

Film

film

Stereoanlaag

hi-fi

Slötel

anahtar

Narichtenblatt

gazete

Gemälde

tablo

Poster

poster

Radio

radyo

Opschrievblock

defter

Huulbessen

elektrikli süpürge

Kaktus

kaktüs

Kars

mum

Köök
mutfak

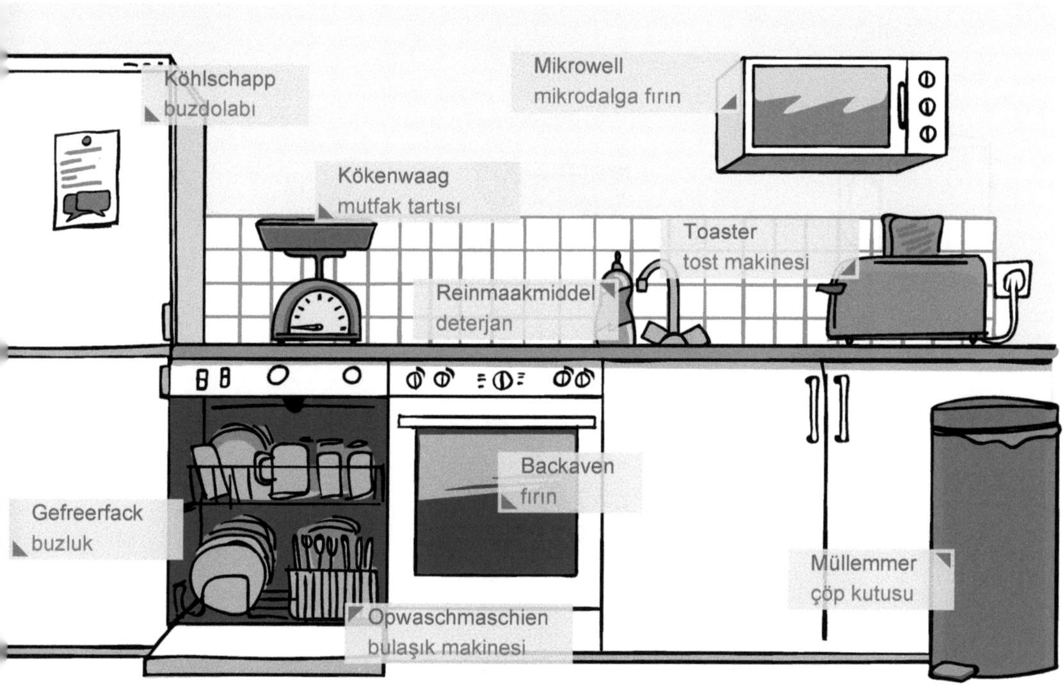
Köhlschapp
buzdolabı
Mikrowell
mikrodalga fırın
Kökenwaag
mutfak tartısı
Toaster
tost makinesi
Reinmaakmiddel
deterjan
Backaven
fırın
Gefreerfack
buzluk
Müllemmer
çöp kutusu
Opwaschmaschien
bulaşık makinesi

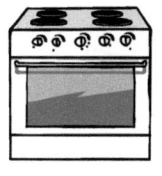

Heerd
ocak

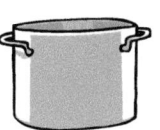

Pott
tencere

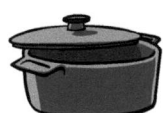

Gussiesern Putt
döküm tencere

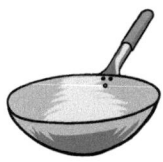

Wok / Kadai
wok

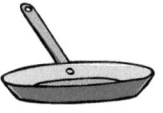

Pann
tava

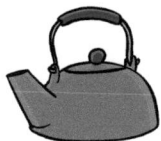

Waterkaker
su ısıtıcı

Dampkaakputt

buharlı pişirici

Backblick

pişirme tepsisi

Geschirr

tabak takımı

Beker

kupa

Schaal

kase

Eetsticken

çubuk (çin yemeği)

Suppenkell

kepçe

Pannenwenner

spatula

Sneebessen

çırpma teli

Kaakseef

süzgeç

Seef

elek

Riev

rende

Mörser

havan

Grill

barbekü

Füerstell

açık ateş

Sniedbrett

kesme tahtası

Nudelholt

merdane

Proppentrecker

tirbüşon

Doos

konserve kutusu

Dosenaapner

konserve açacağı

Pottlappen

fırın eldiveni

Waschbecken

evye

Böst

fırça

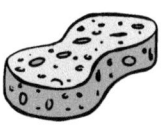

Swamm

sünger

Mixer

blender

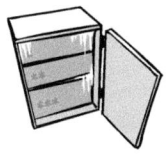

Iesschapp

derin dondurucu

Nuckelbuddel

biberon

Waterhahn

musluk

Köök - mutfak

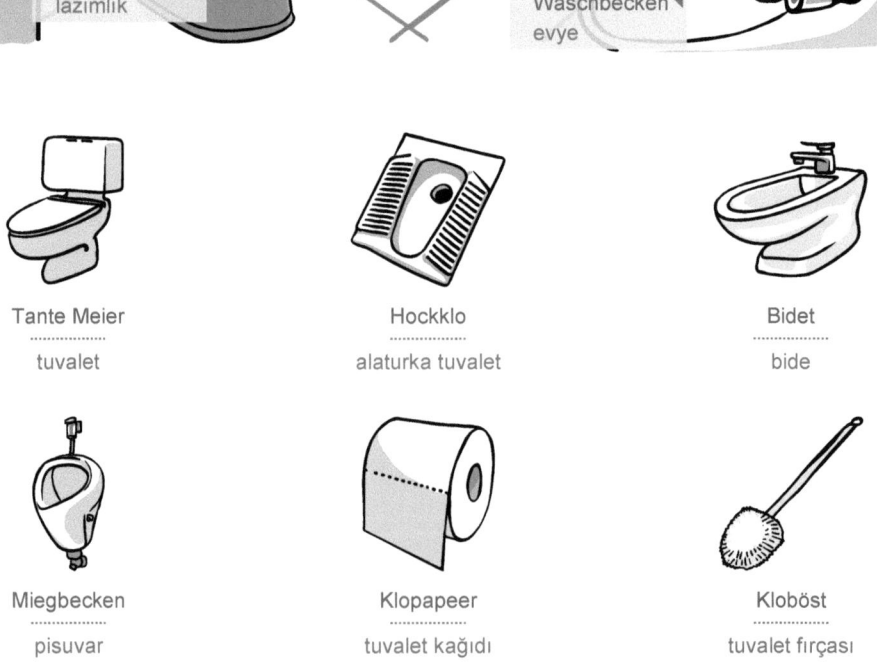

Baadstuuv
banyo

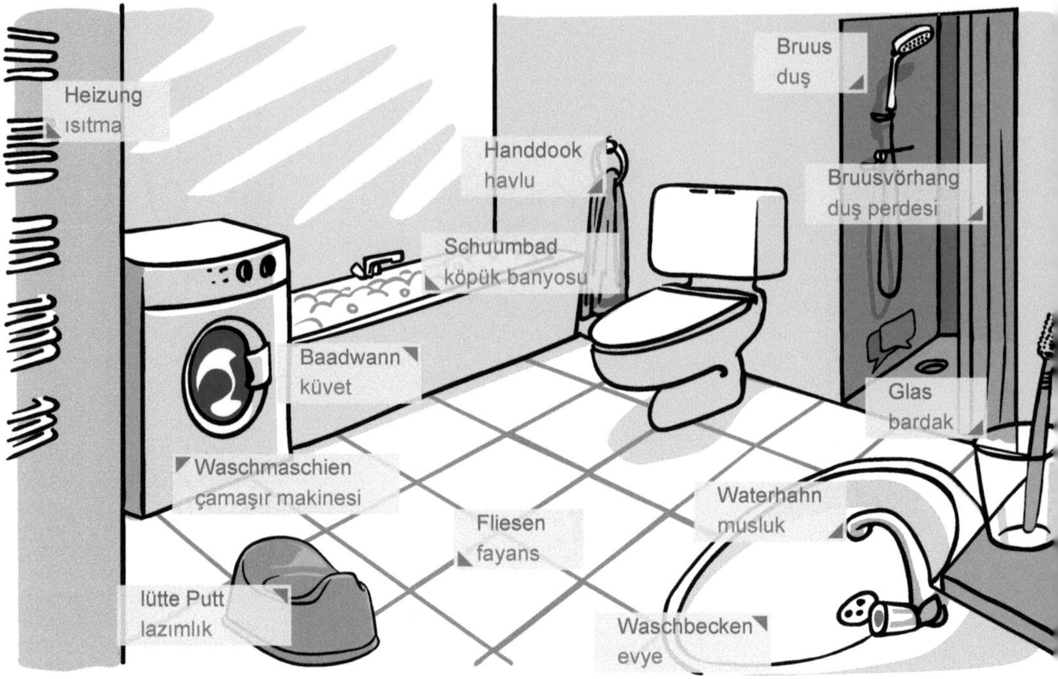

Heizung
ısıtma
Handdook
havlu
Bruus
duş
Bruusvörhang
duş perdesi
Schuumbad
köpük banyosu
Baadwann
küvet
Glas
bardak
Waschmaschien
çamaşır makinesi
Waterhahn
musluk
Fliesen
fayans
lütte Putt
lazımlık
Waschbecken
evye

Tante Meier

tuvalet

Hockklo

alaturka tuvalet

Bidet

bide

Miegbecken

pisuvar

Klopapeer

tuvalet kağıdı

Kloböst

tuvalet fırçası

Tähnböst

diş fırçası

Tähnpast

diş macunu

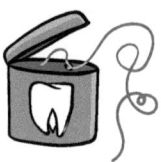

Tähnsied

diş ipi

waschen

yıkamak

Handbruus

duş başlığı

Intimbruus

duş başlığı şeklinde taharet musluğu

Waschschöttel

küvet

Rüchböst

banyo fırçası

Seep

sabun

Bruusgeel

duş jeli

Hoorwaschmiddel

şampuan

Waschlappen

banyo lifi

Afloop

gider

Creme

krem

Deodorant

deodorant

Spegel

ayna

Kosmetikspegel

el aynası

Raserer

jilet

Raseerschuum

tıraş köpüğü

Raseerwater

tıraş losyonu

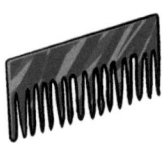

Kamm

tarak

Böst

fırça

Hoordröger

saç kurutma makinesi

Hoorspray

saç spreyi

Smink

makyaj

Lippensticken

ruj

Nagellack

tırnak cilası

Watt

pamuk

Nagelscheer

tırnak makası

Rüükwater

parfüm

Kulturbüdel

makyaj çantası

Schemel

tabure

Waag

tartı

Baadmantel

bornoz

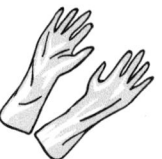

Gummihanschen

lastik eldiven

Tampon

tampon

Damenbinn

kadın pedi

Chemieklo

kimyevi tuvalet

Kinnerstuuv
çocuk odası

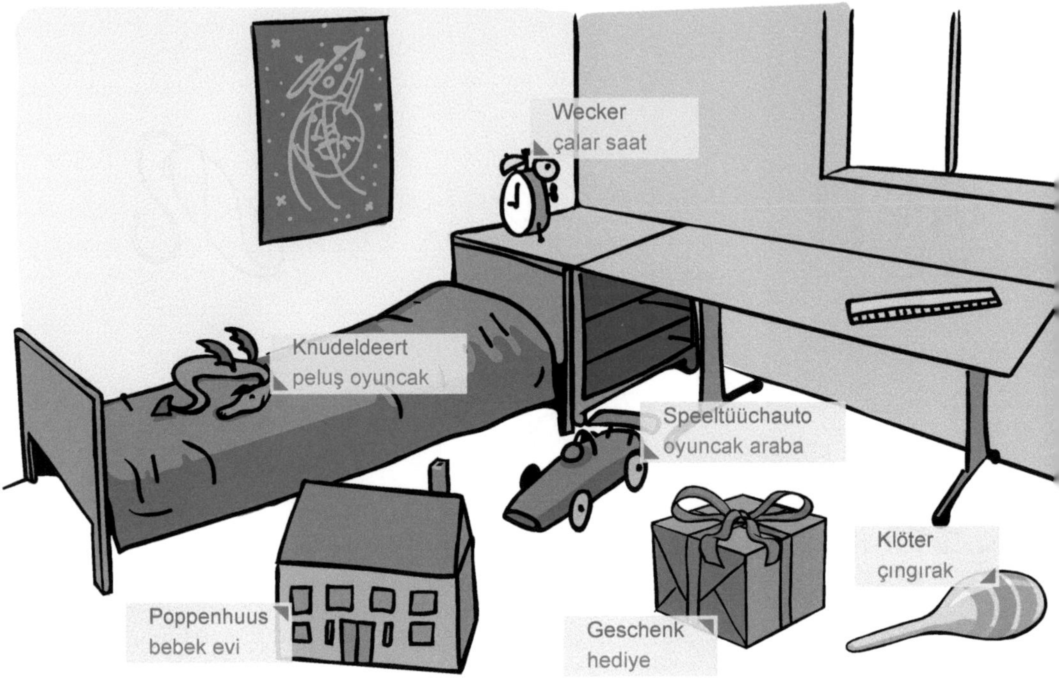
Wecker
çalar saat
Knudeldeert
peluş oyuncak
Speeltüüchauto
oyuncak araba
Klöter
çıngırak
Poppenhuus
bebek evi
Geschenk
hediye

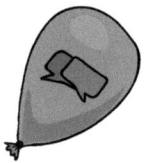

Luftballon

balon

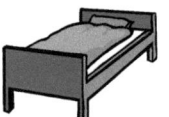

Puuch

yatak

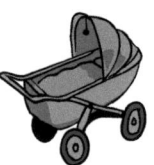

Kinnerwagen

bebek arabası

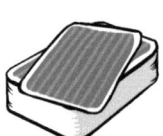

Koortenspeel

kart destesi

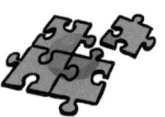

Puzzle

yapboz

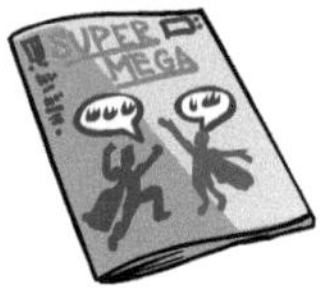

Billergeschicht

çizgi roman

Legostenen

lego tuğlaları

Bustenen

lego blokları

Action-Figur

aksiyon figürü

Strampelantog

zıbın

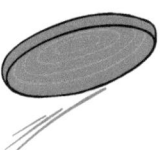

Frisbeeschiev

frizbi

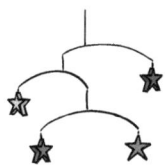

Mobile

dönence

Brettspeel

masa oyunu

Wörpel

zar

Modelliesenbahn

model tren seti

Snuller

emzik

Party

parti

Billerbook

resimli kitap

Ball

top

Popp

oyuncak bebek

spelen

oynamak

Sandkassen

kum havuzu

Schuckel

salıncak

Speeltüüch

oyuncaklar

Speelkonsool

video oyun konsolu

Dreerad

üç tekerlekli bisiklet

Teddyboor

oyuncak ayı

Klederschapp

gardırop

Tüüch

kıyafet

Socken

çorap

Strümp

külotlu çorap

Strumpbüx

tayt

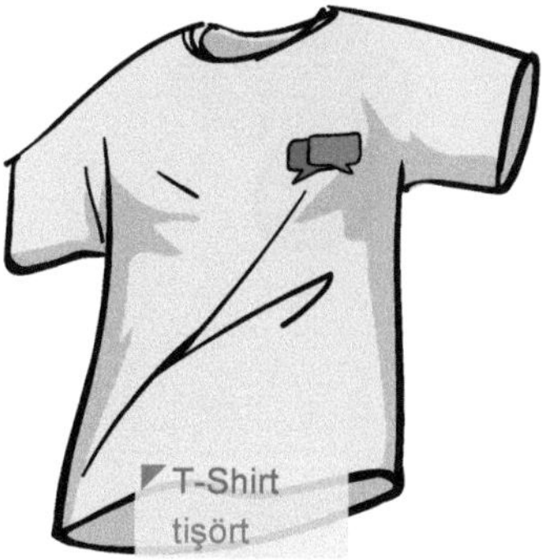

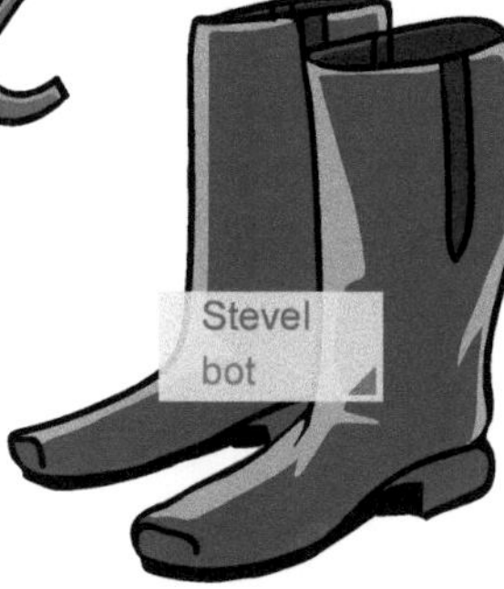

Halsdook
eşarp

Liefreem
kemer

Paraplü
şemsiye

T-Shirt
tişört

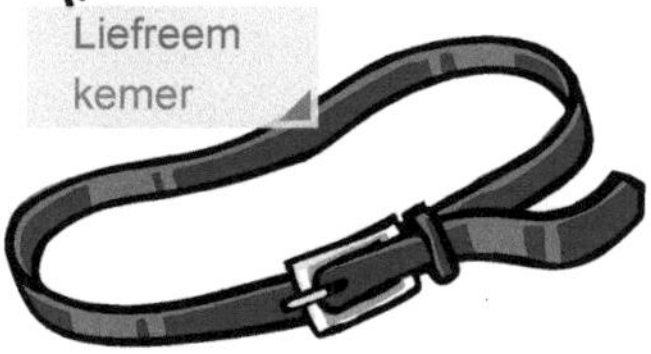

Turnschoh
spor ayakkabı

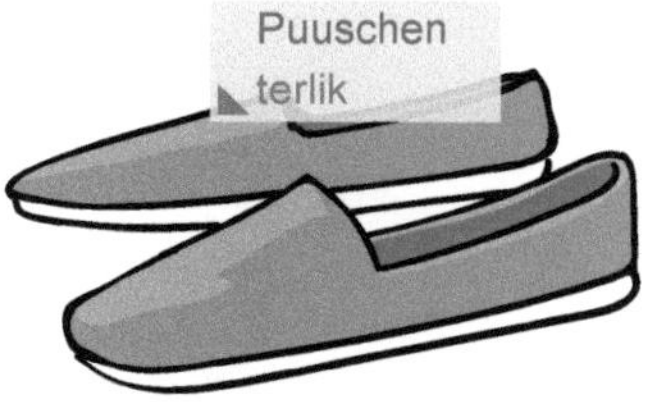

Stevel
bot

Puuschen
terlik

Sandalen
·············
sandalet

Schoh
·············
ayakkabı

Gummistevel
·············
lastik çizme

Ünnerbüx
·············
külot

Bostholler
·············
sütyen

Ünnerhemd
·············
yelek

Lief

dar bluz

Büx

pantolon

Jeansnüx

kot pantolon

Rock

etek

Bluus

bluz

Hemd

gömlek

Pullover

kazak

Kapuzenpullover

süveter

Blazer

blazer

Jack

ceket

Mantel

mont

Övertrecker

yağmurluk

Kostüm

kostüm

Kleed

elbise

Hochtietskleed

gelinlik

Antog

takım elbise

Nachtkleed

gecelik

Slaapantog

pijama

Sari

sari

Koppdook

baş örtüsü

Turban

türban

Burka

burka

Kaftan

kaftan

Abaya

çarşaf

Baadantog

mayo

Baadbüx

erkek mayosu

Korte Büx

şort

Antog to'n Öven

eşofman

Schört

önlük

Handschoh

eldiven

Knopp

düğme

Brill

gözlük

Armband

bilezik

Halskeed

kolye

Ring

yüzük

Ohrbummel

küpe

Mütz

kep

Klederbögel

portmanto

Hoot

şapka

Binner

kravat

Rietslüter

fermuar

Helm

kask

Drachtband

pantolon askısı

Schooluniform

okul forması

Uniform

üniforma

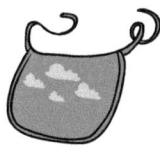

Severböten

mama önlüğü

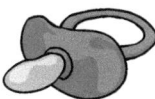

Snuller

emzik

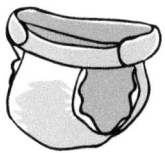

Winnel

bebek bezi

Büro

ofis

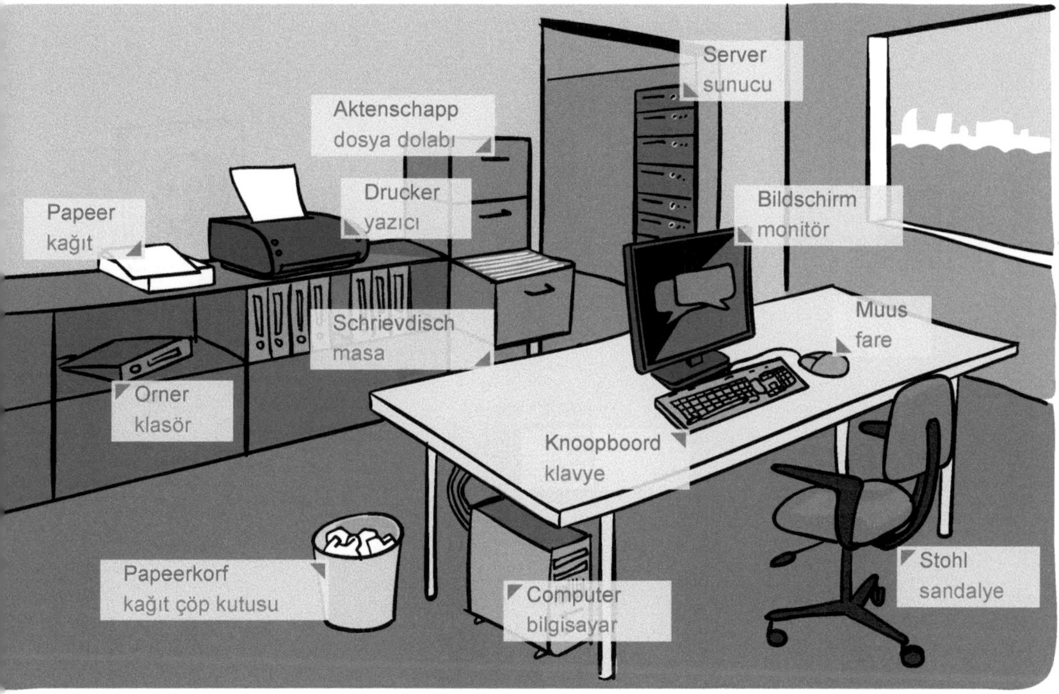

Server
sunucu
Aktenschapp
dosya dolabı
Papeer
kağıt
Drucker
yazıcı
Bildschirm
monitör
Muus
fare
Schrievdisch
masa
Orner
klasör
Knoopboord
klavye
Papeerkorf
kağıt çöp kutusu
Computer
bilgisayar
Stohl
sandalye

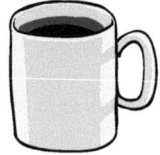

Koffiebeker

kahve fincanı

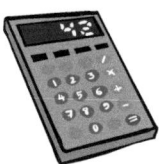

Taschenreekner

hesap makinesi

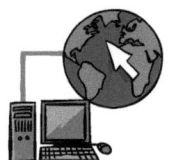

Internet

internet

Klappreekner

dizüstü

Breef

mektup

Naricht

mesaj

Ackersnacker

cep telefonu

Nettwark

ağ

Kopeerapparat

fotokopi makinesi

Software

yazılım

Klöönkassen

telefon

Steekdoos

priz

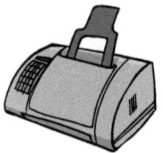

Faxapparat

faks makinesi

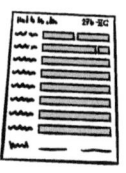

Formulor

form

Dokument

belge

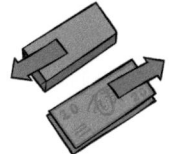

köpen

satın almak

betahlen

ödemek

hanneln

ticaret yapmak

Geld

para

Dollar

dolar

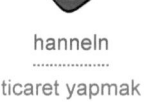

Euro

avro

Yen

yen

Ruvel

ruble

Swiezer Franken

İsviçre frangı

Renminbi Yuan

Çin yuanı

Rupie

rupi

Geldautomat

kasa

Wesselstuuv

döviz bürosu

Gold

altın

Sülver

gümüş

Ööl

petrol

Energie

enerji

Pries

fiyat

Verdrag

kontrat

Stüer

vergi

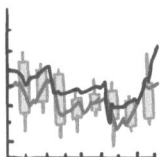

Andeelschien

menkul değer

arbeiden

çalışmak

Anstellte

işveren

Arbeitgever

işçi

Fabrik

fabrika

Hökerie

mağaza

Profeschonen
meslekler

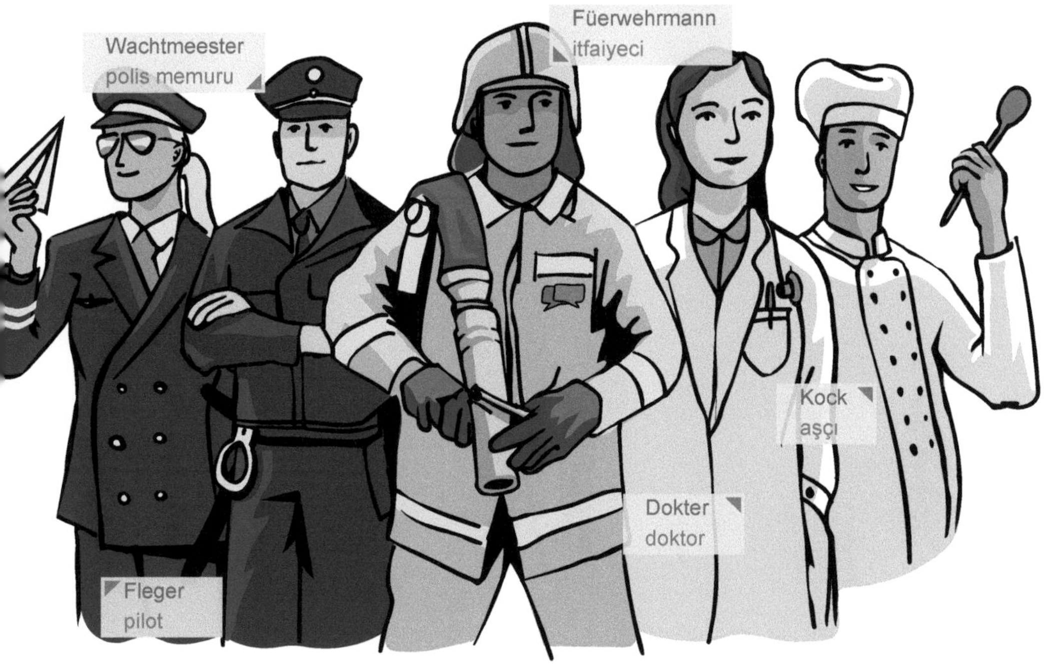
Wachtmeester
polis memuru
Füerwehrmann
itfaiyeci
Kock
aşçı
Dokter
doktor
Fleger
pilot

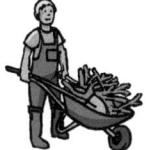

Goorner

bahçıvan

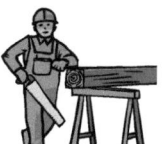

Discher

marangoz

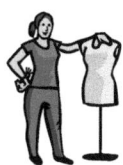

Neihersche

terzi

Richter

hakim

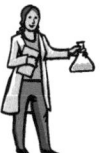

Chemiker

kimyager

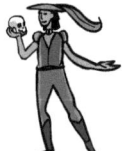

Schauspeler

aktör

Busfohrer	**Taxifohrer**	**Fischer**
otobüs şoförü	taksi şoförü	balıkçı

Reinmaakfru	**Dackdecker**	**Kellner**
temizlikçi	çatı ustası	garson

Jäger	**Maler**	**Bäcker**
avcı	boyacı	fırıncı

Elektriker	**Buarbeider**	**Ingenieur**
elektrikçi	inşaatçı	mühendis

Slachter	**Klempner**	**Postbüdel**
kasap	muslukçu	postacı

Suldat

asker

Architekt

mimar

Kasserer

kasiyer

Florist

çiçekçi

Putzbüdel

kuaför

Schaffner

kondüktör

Mechaniker

tamirci

Kaptein

kaptan

Tähndokter

dişçi

Wetenschopler

bilim insanı

Rabbi

haham

Imam

imam

Mönk

keşiş

Paap

rahip

Warktüüch
aletler

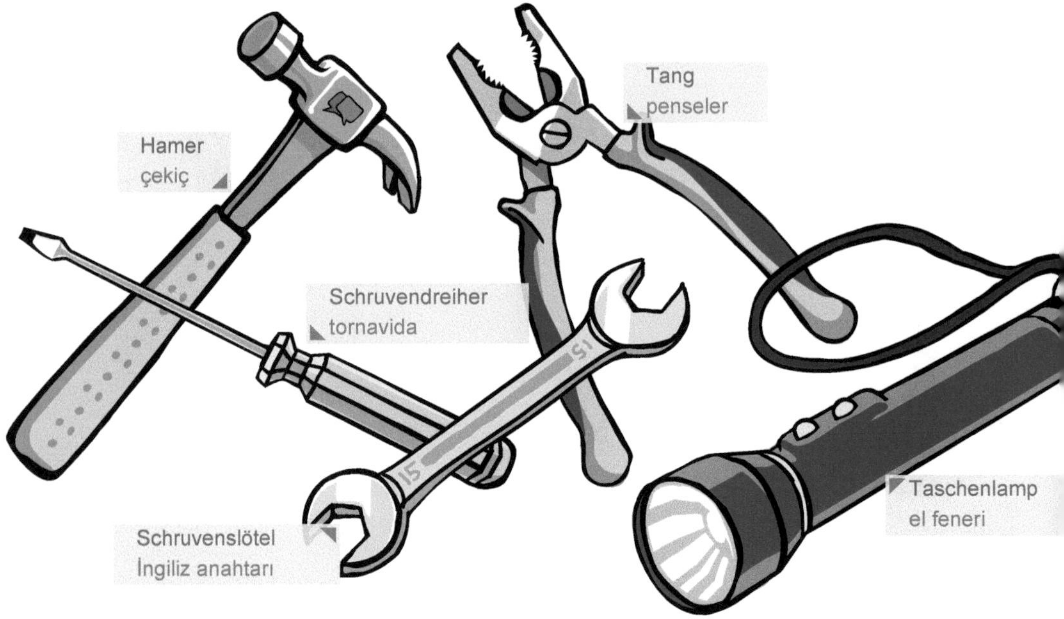
Hamer
çekiç
Tang
penseler
Schruvendreiher
tornavida
Schruvenslötel
İngiliz anahtarı
Taschenlamp
el feneri

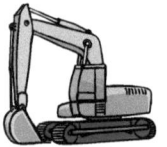

Grieper

kazı makinesi

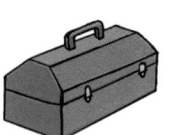

Warktüüchkassen

alet çantası

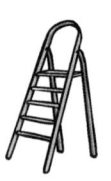

Ledder

merdiven

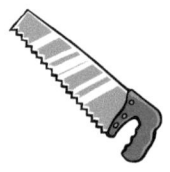

Saag

testere

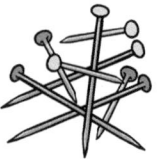

Nagels

çiviler

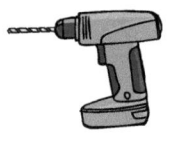

Bohrer

matkap

heelmaken

tamir etmek

Schüffel

kürek

Schiet!

Kahretsin!

Kehrblick

faraş

Farvpott

boya tenekesi

Schruven

vidalar

Musikinstrumenten
müzik enstrümanı

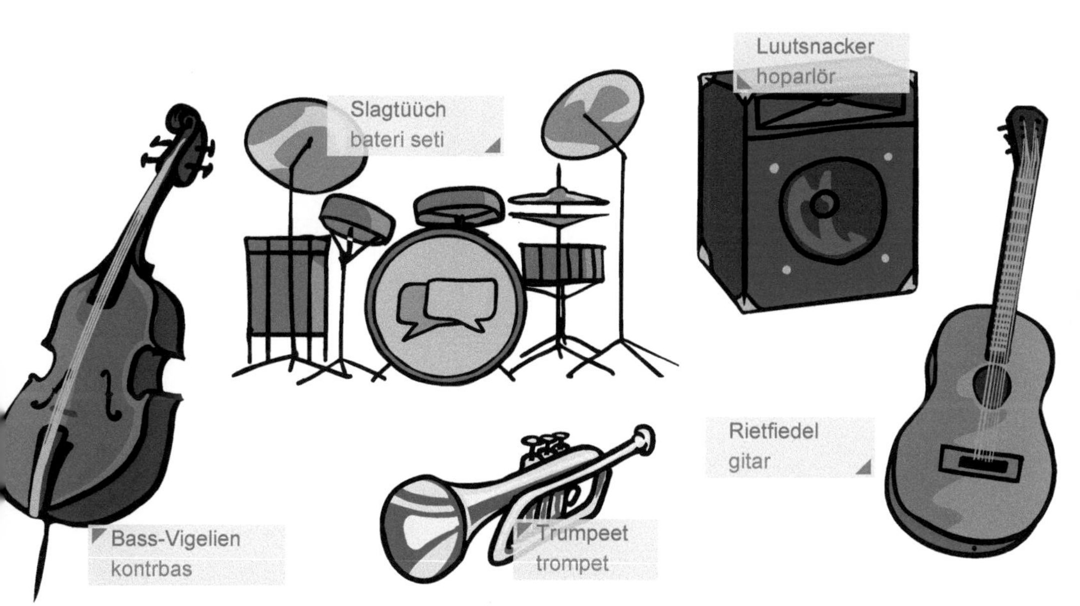

Luutsnacker
hoparlör

Slagtüüch
bateri seti

Bass-Vigelien
kontrbas

Trumpeet
trompet

Rietfiedel
gitar

Klaveer

piyano

Vigelien

keman

Bass

basgitar

Pauk

timpani

Trummeln

bateri

Keyboard

klavye

Saxophon

saksafon

Fleut

flüt

Mikrofoon

mikrofon

Deertenpark
hayvanat bahçesi

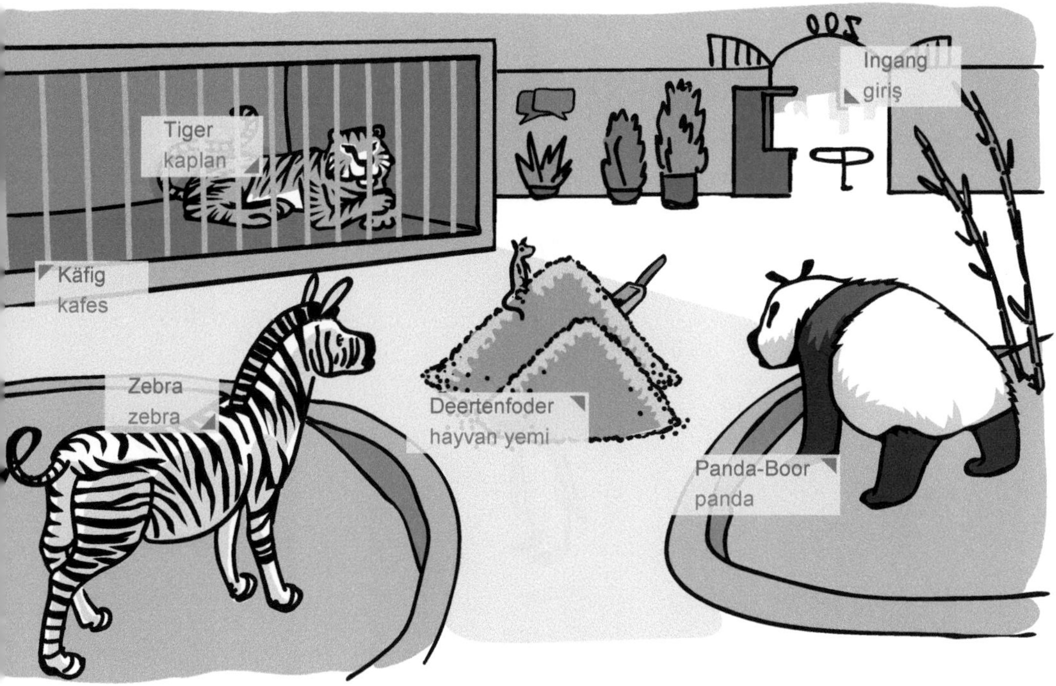

Ingang
giriş
Tiger
kaplan
Käfig
kafes
Zebra
zebra
Deertenfoder
hayvan yemi
Panda-Boor
panda

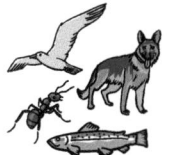

Deerten

hayvanlar

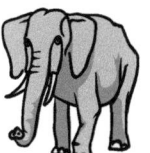

Elefant

fil

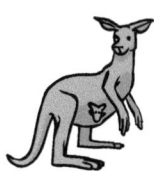

Känguru

kanguru

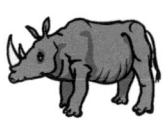

Neeshoorn

gergedan

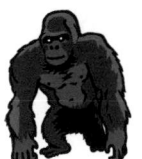

Gorilla

goril

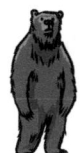

Boor

ayı

Kameel

deve

Struuß

deve kuşu

Lööv

aslan

Aap

maymun

Flamingo

flamingo

Papagoi

papağan

Iesboor

kutup ayısı

Pinguin

penguen

Haifisch

köpek balığı

Pageluun

tavus kuşu

Slang

yılan

Krokodil

timsah

Oppasser in'n Deertenpark

hayvanat bahçesi görevlisi

Saalhund

fok

Jaguor

jaguar

Pony

midilli atı

Leopard

leopar

Nilpeerd

su aygırı

Giraff

zürafa

Aadler

kartal

Wildswien

yaban domuzu

Fisch

balık

Schildkrööt

kaplumbağa

Walross

mors

Voss

tilki

Gazell

ceylan

Sport

sporlar

Amerikaansch Football
amerikan futbolu

Radfohren
bisiklete binme

Tennis
tenis

Korfball
basketbol

Swümmen
yüzme

Boxen
boks

Ieshockey
buz hokeyi

Football

futbol

Fedderball

badminton

Leichtathletik

atletizm

Handball

hentbol

Skilopen

kayak

Polo

polo

Aktivitäten
etkinlikler

springen
atlamak
ümarmen
sarılmak
lachen
gülmek
gahn
yürümek
singen
söylemek
drömen
hayal etmek
beden
dua etmek
snuteln
öpmek

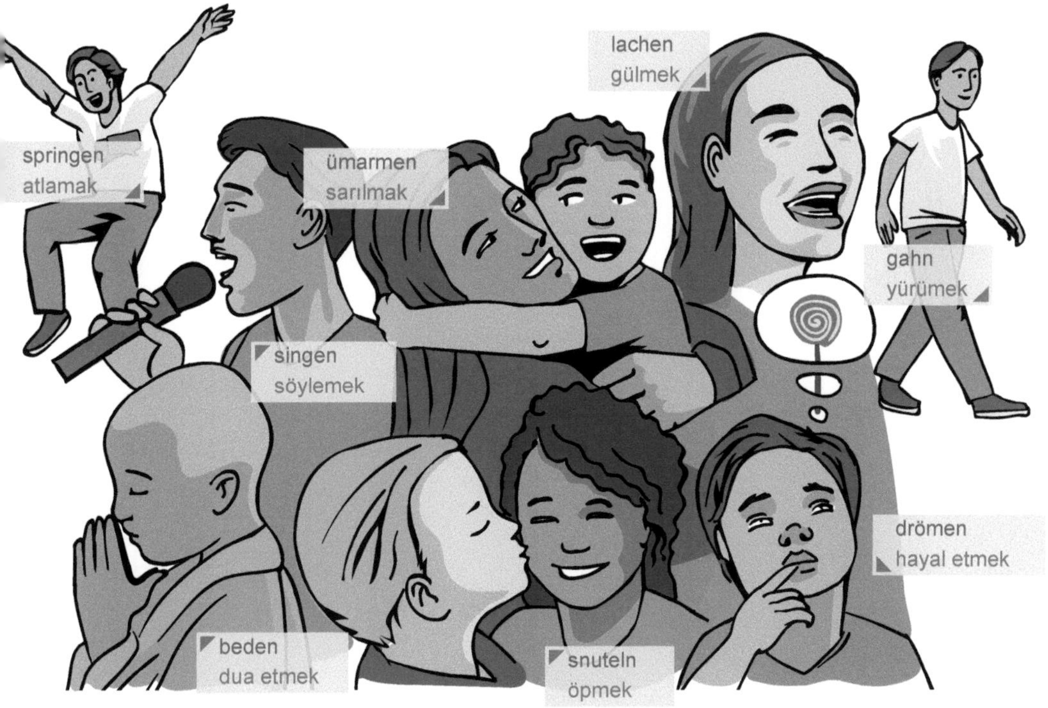

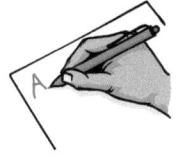

schrieven
yazmak

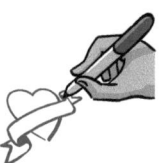

teken
çizmek

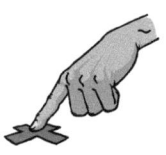

wiesen
göstermek

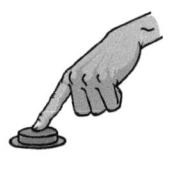

drücken
itmek

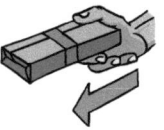

geven
vermek

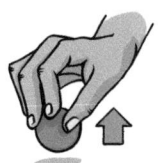

nehmen
almak

hebben

sahip olmak

doon

yapmak

sien

olmak

stahn

ayakta durmak

lopen

koşmak

trecken

çekmek

smieten

atmak

fallen

düşmek

liggen

yalan söylemek

töven

beklemek

dregen

taşımak

sitten

oturmak

antrecken

giyinmek

slapen

uyumak

opwaken

uyanmak

ankieken

bakmak

wenen

ağlamak

eien

vurmak

kämmen

taramak

snacken

konuşmak

verstahn

anlamak

fragen

sormak

hören

dinlemek

drinken

içmek

eten

yemek

oprümen

düzenlemek

leefhebben

sevmek

kaken

pişirmek

fohren

sürmek

flegen

uçmak

segeln

denize açılmak

reken

hesapla

lesen

okumak

lehren

öğrenmek

arbeiden

çalışmak

de Plünnen tohoopsmieten

evlenmek

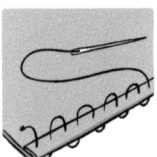

neihen

dikmek

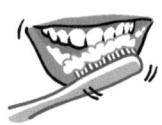

Tähnen putzen

diş fırçalamak

dootmaken

öldürmek

smöken

sigara içmek

schicken

yollamak

Familje
aile

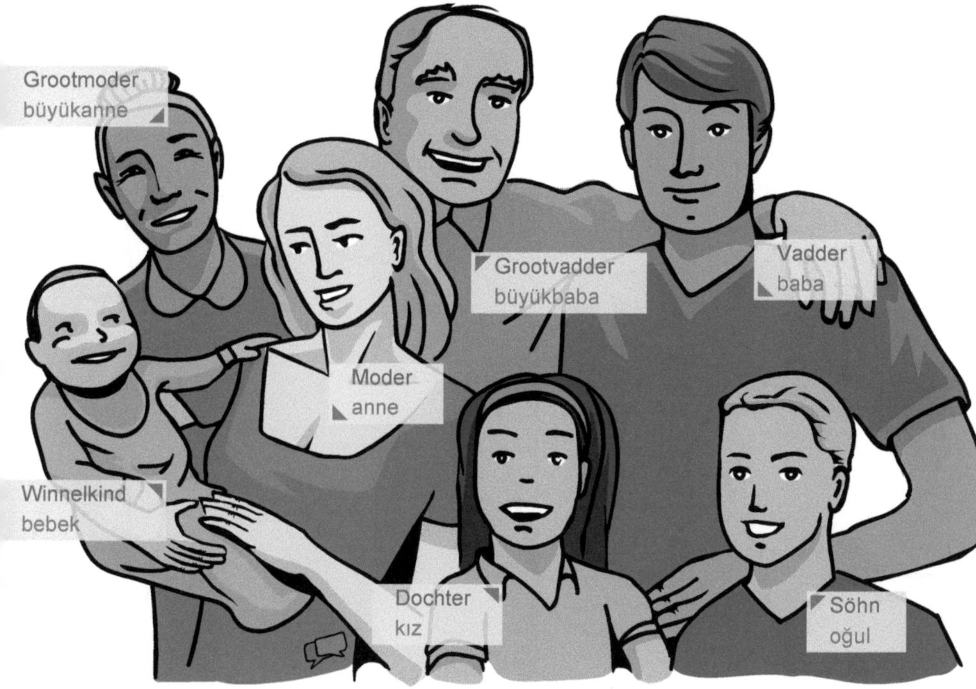
Grootmoder
büyükanne
Grootvadder
büyükbaba
Vadder
baba
Moder
anne
Winnelkind
bebek
Dochter
kız
Söhn
oğul

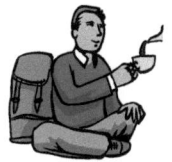

Gast

misafir

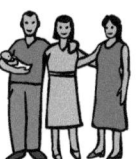

Tant

teyze

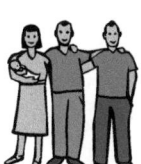

Unkel

amca

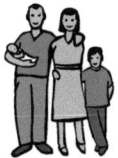

Broder

erkek kardeş

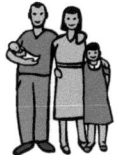

Süster

kız kardeş

Lief

vücut

Vörkopp
alın
Oog
göz
Schuller
omuz
Finger
parmak
Gesicht
yüz
Kinn
çene
Hand
el
Been
bacak
Bost
göğüs
Arm
kol

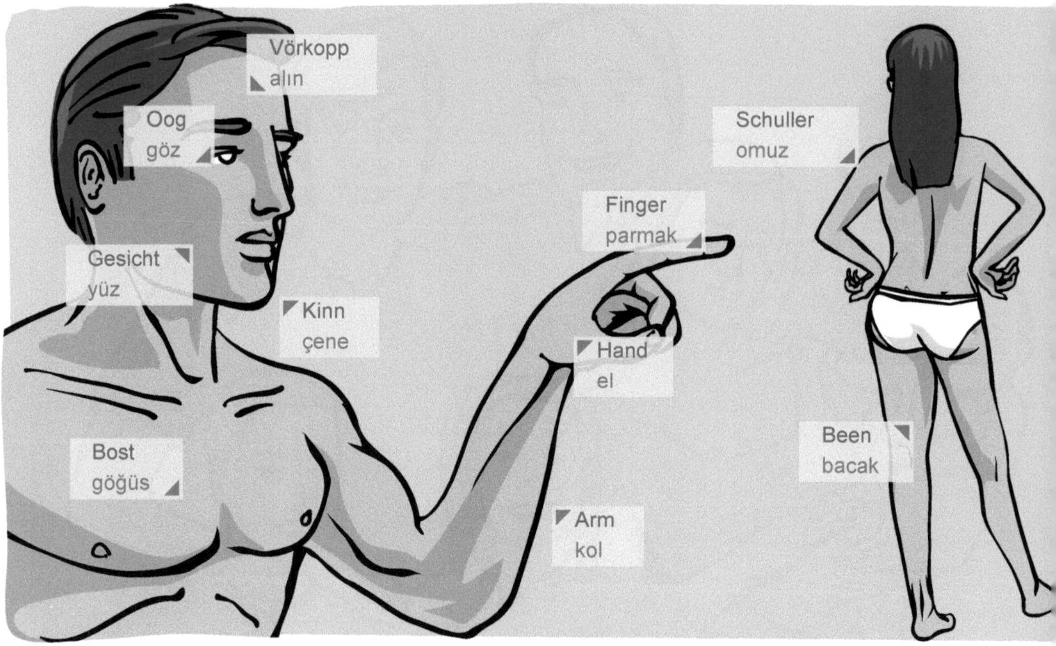

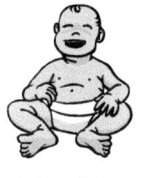

Winnelkind
bebek

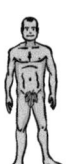

Mann
adam

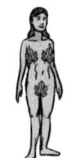

Fro
kadın

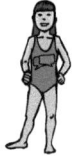

Deern
kız

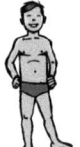

Jung
erkek çocuk

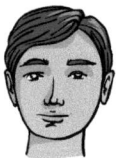

Arm
baş

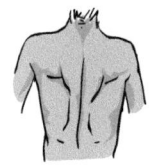

Rüch

sırt

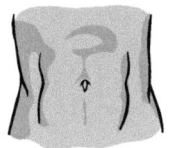

Buuk

karın

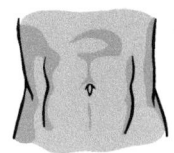

Navel

göbek

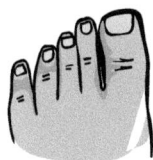

Teh

ayak parmağı

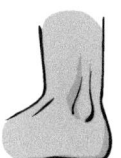

Hack

topuk

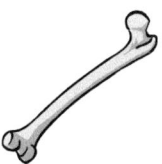

Knaken

kemik

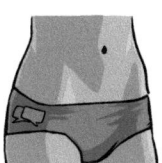

Hüft

kalça

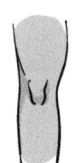

Knee

diz

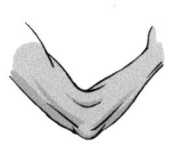

Ellbagen

dirsek

Nees

burun

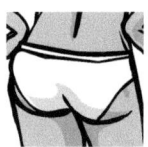

Achtersen

kalça

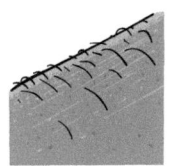

Huut

deri

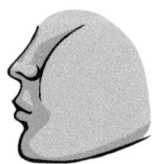

Back

yanak

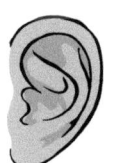

Ohr

kulak

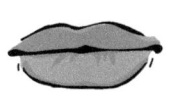

Lipp

dudak

Mund

ağız

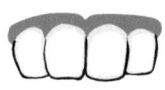

Tähn

diş

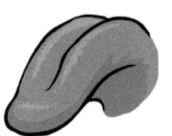

Tung

dil

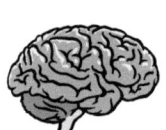

Bregen

beyin

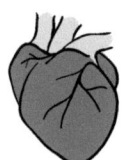

Hart

kalp

Muskel

kas

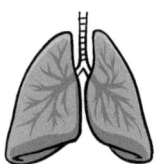

Lung

akciğer

Lever

karaciğer

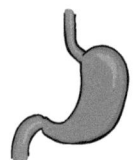

Maag

mide

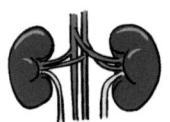

Neren

böbrekler

Bislaap

seks

Kondoom

prezervatif

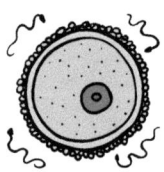

Eizell

yumurtalık

Sperma

sperm

Anner Ümstänn

hamilelik

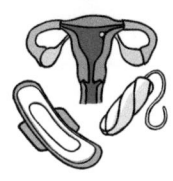

Menstruatschoon

regl

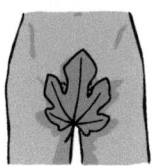

Scheed

vajina

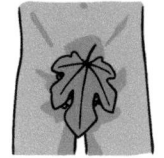

Pint

penis

Ogenbroe

kaş

Hoor

saç

Hals

boyun

Krankenhuus
hastane

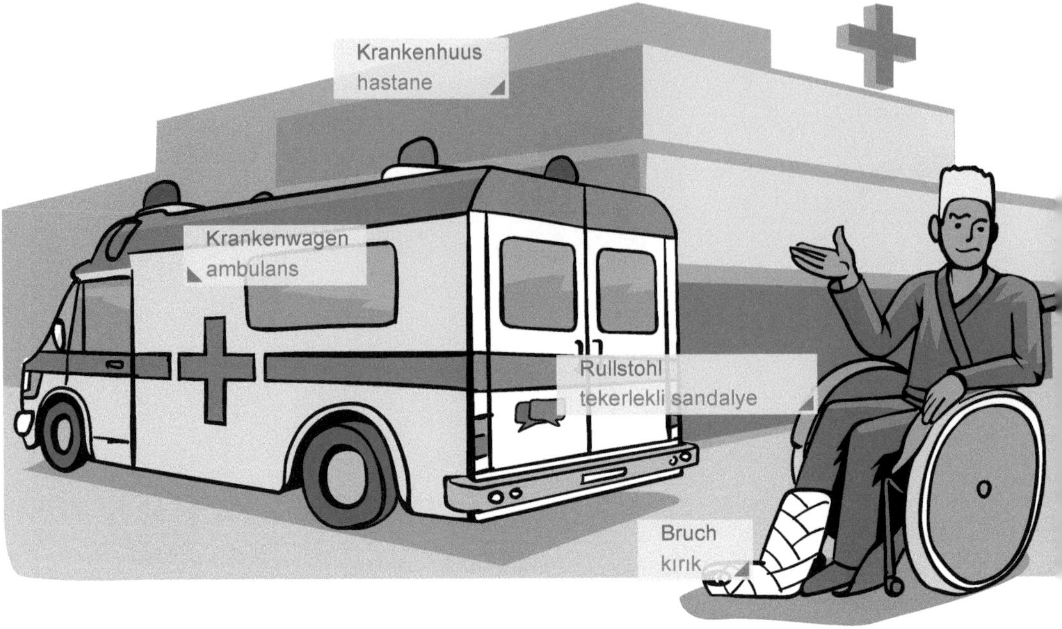

Krankenhuus
hastane
Krankenwagen
ambulans
Rullstohl
tekerlekli sandalye
Bruch
kırık

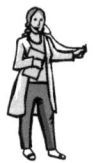

Dokter
doktor

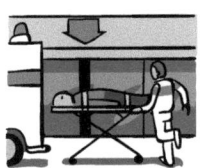

Nootopnahm
acil servis

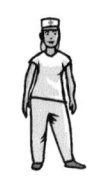

Krankensüster
hemşire

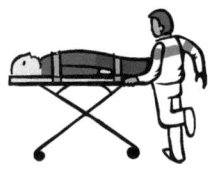

Nootfall
acil

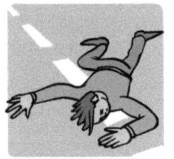

ahnmächtig
baygın

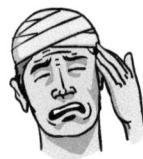

Wehdaag
acı

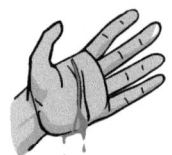

Verwunnen

yaralanma

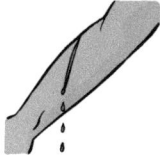

Blöden

kanama

Hartinfarkt

kalp krizi

Slaganfall

felç

Allergie

alerji

Hoosten

öksürük

Fever

ateş

Gripp

grip

Dörchfall

ishal

Koppwehdaag

baş ağrısı

Kreeft

kanser

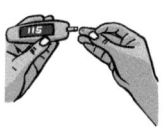

Zuckersüük

şeker hastalığı

Chirurg

cerrah

Chirurgsch Mess

neşter

Operatschoon

operasyon

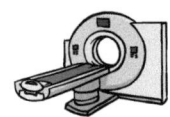

CT

bilgisayarlı tomografi

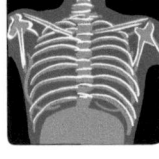

Dörchlüchten

röntgen

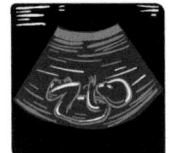

Ultraschall

ultrason

Mask

yüz maskesi

Krankheit

hastalık

Töövruum

bekleme odası

Krück

koltuk değneği

Plaaster

yara bandı

Verband

bandaj

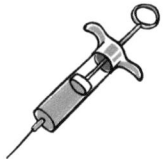

Insprütten

enjeksiyon

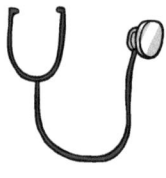

Stethoskop

steteskop

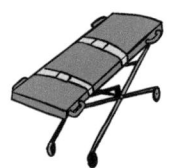

Draag

sedye

Feverthermometer

tıbbi termometre

Geboort

doğum

Övergewicht

fazla kilo

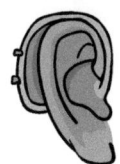

Höörapparat

işitme cihazı

Kiemfriemiddel

dezenfektan

Ansteken

enfeksiyon

Virus

virüs

HIV / AIDS

HIV / AIDS

Heelmiddel

ilaç

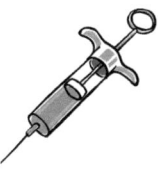

Impen

aşı

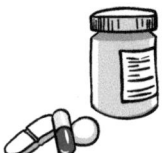

Tabletten

tablet

Pill

hap

Nootroop

acil çağrı

Blootdruck-Meter

tansiyon aleti

krank / gesund

hasta / sağlıklı

Hölp!

İmdat!

Överfall

darp

Angreep

saldırı

Gefohr

tehlike

Nootutgang

acil çıkış

Alarm

alarm

Füer!

Yangın!

Füerlöscher

yangın tüpü

Unfall

kaza

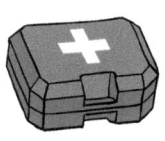

Noothölpkoffer

ilk yardım çantası

SOS

imdat

Polizei

polis

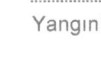

Europa

Avrupa

Noordamerika

Kuzey Amerika

Süüdamerika

Güney amerika

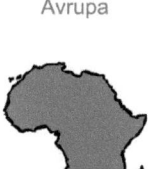

Afrika

Afrika

Asien

Asya

Australien

Avustralya

Atlantik

Atlantik

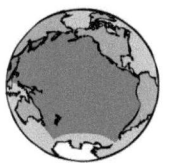

Pazifik

Pasifik

Indisch Weltmeer

Hint Okyanusu

Antarktisch Weltmeer

Antarktika Okyanusu

Arktisch Weltmeer

Arktik Okyanusu

Noordpol

Kuzey Kutbu

Süüdpol

Güney Kutbu

Antarktis

Antarktika

Eerd

dünya

Land

kara

See

deniz

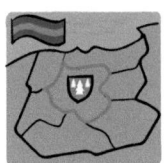

Eiland

ada

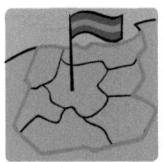

Natschoon

ulus

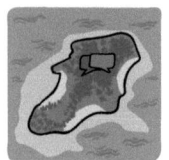

Staat

ülke

Tallenblatt

kadran

Stunnenwieser

akrep

Minutenwieser

yelkovan

Sekunnenwieser

saniye ibresi

Wo laat is dat?

Saat kaç?

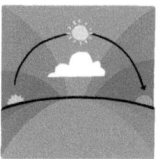

Dag

gün

Tiet

zaman

nu

şimdi

digetaalsch Klock

dijital saat

Minuut

dakika

Stunn

saat

Week

hafta

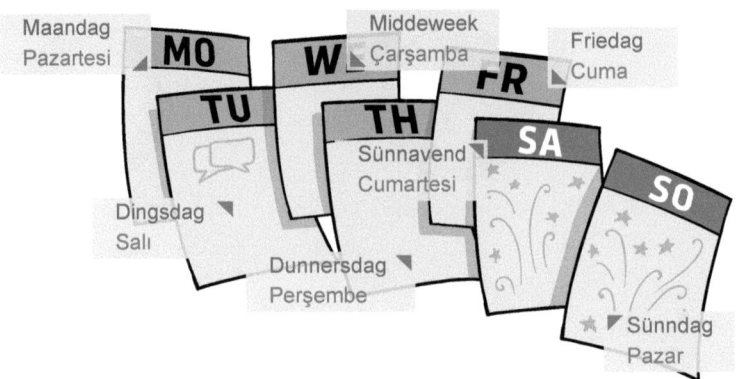

Maandag / Pazartesi
Dingsdag / Salı
Middeweek / Çarşamba
Dunnersdag / Perşembe
Friedag / Cuma
Sünnavend / Cumartesi
Sünndag / Pazar

güstern

dün

hüüt

bugün

morgen

yarın

Morgen

sabah

Meddag

öğle

Avend

akşam

Arbeitsdaag

iş günleri

Wekenenn

hafta sonu

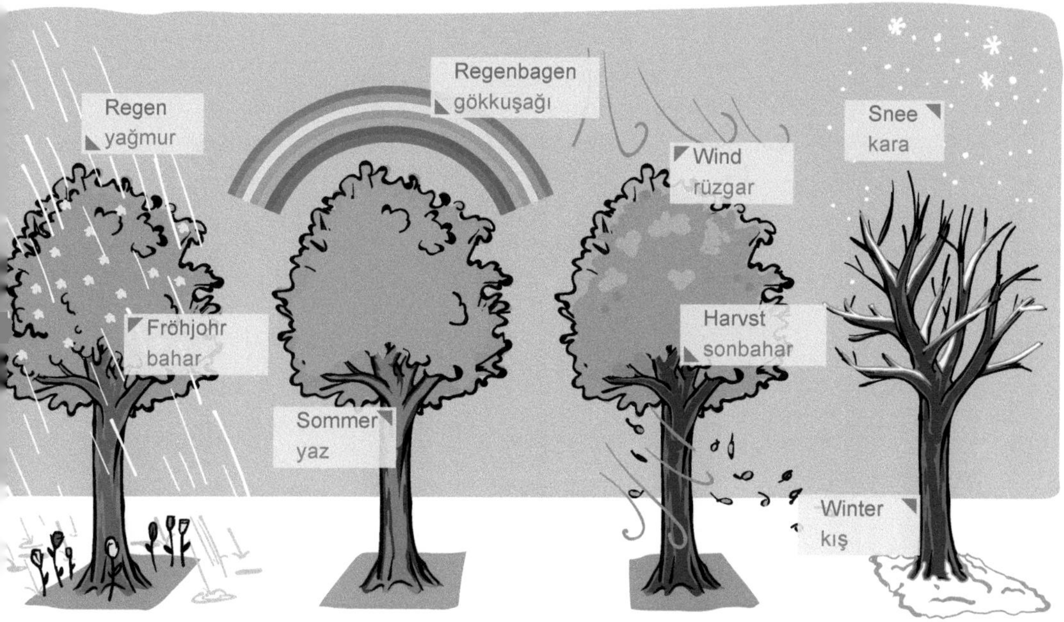

Regen
yağmur
Regenbagen
gökkuşağı
Snee
kara
Wind
rüzgar
Fröhjohr
bahar
Harvst
sonbahar
Sommer
yaz
Winter
kış

4.APRIL 11°
5.APRIL 4°
6.APRIL 13°
7.APRIL 8°
8.APRIL 10°

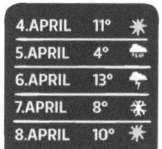

Wedervörhersaag

hava durumu tahmini

F C
120 40
90 30
60 20
30 10
0 0
-30 -10
-20

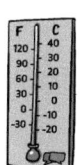

Thermometer

termometre

Sünnenschien

güneş ışığı

Wulk

bulut

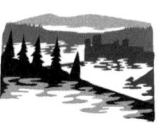

Nevel

sis

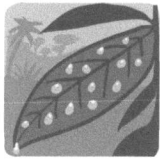

Luftfuchtigkeit

nem

Blitz

şimşek

Dunner

gök gürültüsü

Storm

fırtına

Hagel

dolu

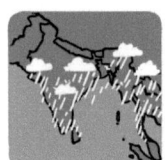

Monsun

muson

Floot

sel

Ies

buz

Januormaand

Ocak

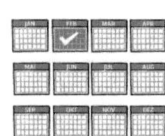

Februormaand

Şubat

Martmaand

Mart

Aprilmaand

Nisan

Maimaand

Mayıs

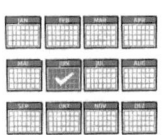

Junimaand

Haziran

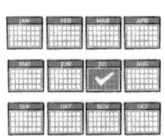

Julimaand

Temmuz

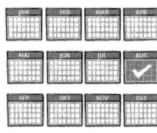

Augustmaand

Ağustos

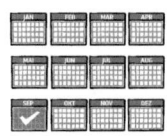

Septembermaand

Eylül

Oktobermaand

Ekim

Novembermaand

Kasım

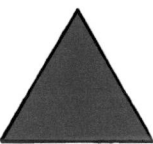

Dezembermaand

Aralık

Formen

şekiller

Krink

daire

Quadrat

kare

Rechteck

dikdörtgen

Dreeeck

üçgen

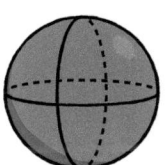

Kugel

küre

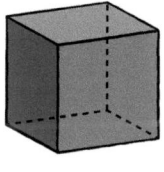

Wörpel

küp

Farven
renkler

witt

beyaz

geel

sarı

orangsch

turuncu

pink

pembe

root

kırmızı

lila

mor

blau

mavi

gröön

yeşil

bruun

kahverengi

gries

gri

swart

siyah

veel / wenig

çok / az

böös / verdreeglich

kızgın / sakin

smuck / mies

güzel / çirkin

Begünn / Enn

başlangıç / son

groot / lütt

büyük / küçük

hell / düüster

parlak / karanlık

Broder / Süster

erkek kardeş / kız kardeş

schier / schietig

temiz / kirli

kumpleet / nich kumpleet

tamam / eksik

Dag / Nacht

gün / gece

doot / lebennig

ölü / canlı

breet / small

geniş / dar

geneetbor / nich geneetbor

yenilebilir / yenilemez

böös / fründlich

kötü / iyi

fickerig / langwielt

heyecanlı / sıkılmış

dick / dünn

şişman / zayıf

toeerst / toletzt

ilk / son

Fründ / Fiend

dost / düşman

vull / leddig

dolu / boş

hart / week

sert / yumuşak

swoor / licht

ağır / hafif

Smacht / Döst

açlık / susuzluk

krank / gesund

hasta / sağlıklı

nich na't Recht / na't Recht

yasa dışı / yasal

klook / dummerhaftig

zeki / aptal

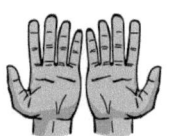

linkerhand / rechterhand

sol / sağ

neeg / feern

yakın / uzak

nieg / bruukt

yeni / kullanılmış

nix / wat

hiçbir şey / bir şey

oolt / jung

yaşlı / genç

an / ut

açma / kapama

apen / slaten

açık / kapalı

lies / luut

sessiz / gürültülü

riek / arm

zengin / fakir

richtig / verkehrt

doğru / yanlış

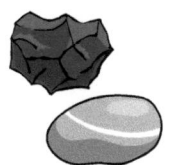

ruug / glatt

pürüzlü / düz

trurig / glücklich

üzgün / mutlu

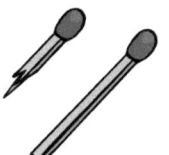

kort / lang

kısa / uzun

suutje / flink

yavaş / hızlı

natt / dröög

ıslak / kuru

warm / köhl

sıcak / serin

Krieg / Freden

savaş / barış

0	**1**	**2**
null	een	twee
sıfır	bir	iki

3	**4**	**5**
dree	veer	fief
üç	dört	beş

6	**7**	**8**
söss	söven	acht
altı	yedi	sekiz

9	**10**	**11**
negen	teihn	ölven
dokuz	on	on bir

12	**13**	**14**
twölf	dörteihn	veerteihn
on iki	on üç	on dört
15	**16**	**17**
föffteihn	sössteihn	söventeihn
on beş	on altı	on yedi
18	**19**	**20**
achtteihn	negenteihn	twintig
on sekiz	on dokuz	yirmi
100	**1.000**	**1.000.000**
hunnert	dusend	million
yüz	bin	milyon

Engelsch

İngilizce

Amerikaansch Engelsch

Amerikan İngilizcesi

Chineesch Mandarin

Çince (Mandarin)

Hindi

Hintçe

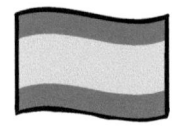

Spaansch

İspanyolca

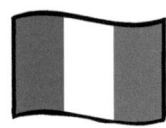

Franzöösch

Fransızca

Araabsch

Arapça

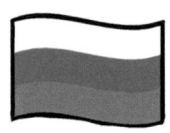

Rusch

Rusça

Portugiesch

Portekizce

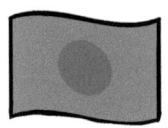

Bengaalsch

Bengalce

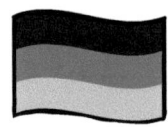

Düütsch

Almanca

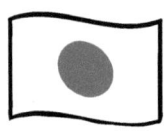

Japaansch

Japonca

ik

ben

du

sen

he / se / dat

o

wi

biz

ji

siz

se

onlar

keen?

kim?

wat?

ne?

woans?

nasıl?

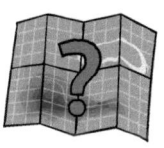

woneem?

nerede?

wannehr?

ne zaman?

Naam

isim

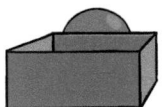

achter

arkasında

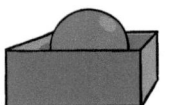

in

içinde

vör

önünde

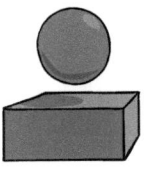

över

üzerinde

op

üstünde

ünner

altında

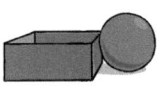

blangen

yanında

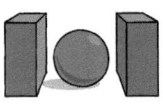

twüschen

arasında

Oort

yer